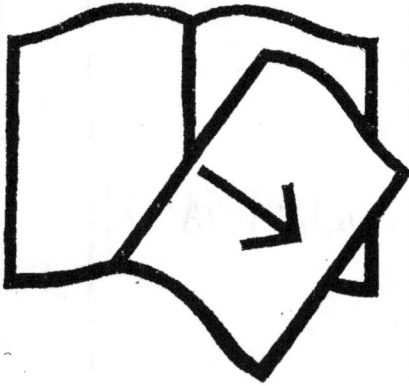

Couverture inférieure manquante

Début d'une série de documents en couleur

DISCOURS DE M. PAUL FOURNIER

PRÉSIDENT

SUR LES TRAVAUX

DES

MEMBRES DE L'ACADÉMIE DELPHINALE

EN 1887 ET 1888.

GRENOBLE

IMPRIMERIE F. ALLIER PÈRE ET FILS

GRANDE-RUE, 8, COUR DE CHAULNES

1889

Fin d'une série de documents
en couleur

DISCOURS DE M. PAUL FOURNIER

PRÉSIDENT

SUR LES TRAVAUX

DES

MEMBRES DE L'ACADÉMIE DELPHINALE

EN 1887 ET 1888.

MESSIEURS ET CHERS COLLÈGUES,

En m'appelant pour l'année 1889 à la présidence de l'Académie Delphinale, vous m'avez fait un honneur à la fois grand et inattendu.

L'honneur est grand, puisque par votre vote vous m'avez assigné la place qu'ont occupée avant moi des hommes éminents dont j'ai souvent apprécié les mérites et ressenti la bienveillance.

L'honneur est inattendu, car je ne puis me dissimuler
que pour me placer à votre tête, vous avez dû oublier que
beaucoup d'autres avaient des titres préférables aux
miens, et que par mon origine je n'appartiens pas à votre
Dauphiné.

Vous avez ainsi mis le comble aux témoignages de
sympathie que vous avez bien voulu m'accorder depuis
que j'ai pris place dans vos rangs. Souffrez que je vous
en exprime toute ma gratitude.

Cette gratitude est d'autant plus vive que, m'étant
efforcé de connaître vos œuvres, je puis mieux apprécier
le prix de vos suffrages. Permettez-moi de vous dire que
l'étude que j'ai faite de vos travaux m'a inspiré le regret
qu'ils fussent trop ignorés du public et parfois aussi de
vous-mêmes. Aussi, profitant de la coutume qui m'accorde
la parole ce soir, je voudrais, en toute sincérité, vous
entretenir de ce que vous faites : je voudrais, après avoir
rappelé les éclatants succès de plusieurs de nos collègues,
dont l'Institut de France a consacré les mérites, retracer
dans une brève esquisse l'ensemble des travaux auxquels
vous et vos correspondants vous êtes livrés dans ces
deux dernières années, par amour de cette province du
Dauphiné, dont vous avez su garder les plus nobles traditions.

I.

Deux d'entre nos collègues ont été élus cette année membres correspondants de l'Institut. Ce sont : M. le docteur V. Reboud, de Saint-Marcellin, et M. le chanoine Ulysse Chevalier, de Romans.

Pendant ses longs séjours en Afrique (1853-1884), M. le docteur Reboud ne s'est pas borné à étudier, avec une haute compétence et une admirable persévérance, les diverses branches de l'histoire naturelle de l'Algérie et de la Tunisie, notamment la botanique, sur laquelle il a recueilli une foule de documents importants et de spécimens inconnus[1] ; il s'est senti, en outre, attiré par ces inscriptions si nombreuses, irrécusables témoins des

---

[1] Sur les travaux botaniques de M. V. Reboud, dont beaucoup ont été publiés dans le *Bulletin de la Société de botanique de France* ou dans le *Bulletin de l'Académie d'Hippone*, consulter particulièrement les notices insérées par M. E. Cosson, de l'Institut, dans le *Compendium Floræ Atlanticæ* (Paris, Imprimerie Nationale, in-8°, t. I, 1881, pp. 79-85 ; t. II, 1883-1887, pp. xc-xcii) ; l'auteur de cet ouvrage fait connaître la part très large prise par M. Reboud à l'exploration botanique de l'Algérie et, dans la carte qu'il a jointe à son premier volume, marque d'un signe particulier (la lettre R) les itinéraires sahariens du savant docteur. En 1864, M. Reboud a fait partie de la mission botanique de Tunisie. — M. Cosson fait remarquer (ce souvenir intéressera quelques lecteurs dauphinois) que « M. le docteur V. Reboud doit le goût de 1ª botanique aux leçons de l'abbé Guillaud, qui a eu le mérite d'introduire l'histoire

civilisations qui se sont succédé dans l'Afrique du Nord, et comme si celles qui nous dérobent leur secret exerçaient sur lui une séduction particulière, il s'est adressé aux plus mystérieux de ces documents. C'est ainsi que, non content de recueillir des inscriptions latines ou puniques, M. Reboud s'est attaché à relever et à publier les inscriptions dites libyco-berbères, œuvre d'un peuple qui transcrivait une langue encore inconnue en une écriture analogue à celle dont se servent actuellement les Touaregs, peuple de race Berbère. Les savants qui s'intéressent aux antiquités africaines ont loué, comme il convenait (j'emploie les expressions de M. J. Halévy), « le zèle éclairé et infatigable dont M. Reboud n'a cessé de donner les preuves les plus éclatantes en consacrant ses loisirs à la découverte des monuments dont personne avant lui n'avait soupçonné la valeur[1]. » Le jour viendra sans doute où, par quelque heureuse fortune, la science retrouvera l'intelligence des textes dont

---

naturelle dans les études classiques du Petit Séminaire du Rondeau, près Grenoble. »

Il convient de signaler aussi divers écrits de M. Reboud sur la zoologie africaine :

1° *De la présence du Gundi dans l'oasis de Berrian (Mzab), province d'Alger ;* — 2° *De la présence du Sorbeck, ou poisson des sables (scincus officinalis), dans les dunes de l'Algérie.* Ces deux mémoires ont été publiés dans la *Gazette médicale* d'Alger, août 1858 ; — 3° *Note sur l'existence du Naïa Haje dans le sud de la province de Constantine ; Bulletin de l'Académie d'Hippone,* t. XXVIII.

Enfin, il faut citer l'article publié par M. Reboud, en 1858, dans la *Gazette médicale* d'Alger, sous ce titre : « *Coup d'œil sur le Sahara algérien* » ; notes recueillies pendant des expéditions.

[1] *Essai d'épigraphie Libyque,* par M. J. Halévy. *Journal asiatique,* 7ᵉ série, t. IV, pp. 369 et suiv.

nous ignorons encore la signification ; en ce jour, où nous entrerons en communication directe avec la pensée des compatriotes de Massinissa et de Jugurtha, il ne sera que juste de nous rappeler que s'il nous est donné de pénétrer au cœur de cette antique civilisation, ce sera pour une large part aux labeurs et aux peines de notre savant collègue que nous le devrons [1].

---

[1] Voici la liste des travaux épigraphiques de M. le docteur Reboud :

1868. — *La Cheffia. Lettre à M. Letourneux, conseiller à la Cour d'Alger. (Revue africaine, 1868.)*

1869. — *Douze feuilles autographiques d'inscriptions libyques de la nécropole du Kef des Beni-Feredj (Cercle de la Calle),* etc., etc. — Ces textes sont reproduits dans le mémoire suivant.

1870. — *Recueil d'inscriptions libyco-berbères,* avec 25 planches et la carte de la Cheffia (*Mémoires de la Société française de numismatique et d'archéologie*).

1871. — *Recueil d'inscriptions libyco-berbères. — Inscriptions relevées dans le cercle de la Calle par M. le capitaine Bosc.* — Perpignan, février 1871.

1875. — *Recueil d'inscriptions libyco-berbères. — Excursion archéologique dans les cercles de Guelma, de Souk-Arras et de la Calle,* avec 12 planches (*Mémoires de la Société archéologique de Constantine*).

1879. — *Recueil d'inscriptions libyco-berbères. — Inscriptions de Milah et de Souk-Arras,* avec 12 planches (*Mémoires de la Société archéologique de Constantine*).

1880. — *Excursion archéologique dans les environs de Milah et de Constantine,* avec carte et planches (*Mémoires de la Société archéologique de Constantine*).

1881. — *Supplément,* avec 4 planches.

— *Sur deux briques romaines trouvées à Philippeville (Mémoires de la Société archéologique de Constantine*).

1882. — *Excursion dans l'Oued Guebli (Mémoires de la Société archéologique de Constantine*).

— *Recueil d'inscriptions libyco-berbères. — Excursion dans la*

Tandis que les ouvrages de M. Reboud ouvrent aux historiens de l'Afrique des perspectives nouvelles, c'est sur le terrain de notre Moyen-Age français que M. le chanoine Ulysse Chevalier a su conquérir les plus hautes distinctions scientifiques. Je n'entreprendrai pas de vous faire ici l'énumération des publications auxquelles il a dépensé, avec une ardeur au travail que les œuvres les plus ardues n'ont pu décourager, les trésors accumulés d'une érudition que la congrégation de Saint-Maur lui eût enviée. L'Académie Delphinale est assez familière avec l'histoire locale pour les connaître, et elle n'a pu oublier qu'elle a inséré, dans le second volume de sa collection des documents inédits, plusieurs des textes importants mis au jour par M. Chevalier.

Il me suffira, d'ailleurs, de rappeler que parmi les

Mahouna et ses contreforts, avec 9 planches (*Mémoires de la Société archéologique de Constantine*, 1re partie).

1884. — *Excursion dans la Mahouna et ses contreforts* (*Mémoires de la Société archéologique de Constantine*, 2e partie).

— *Lettre à M. le conseiller Letourneux au sujet du coup d'œil rétrospectif sur l'alphabet libyque*, par M. Halévy (*Mémoires de la Société archéologique de Constantine*).

— *Sur une intaille représentant une Vierge bysantine avec inscription arabe et une date* (*Mémoires de la Société archéologique de Constantine*).

1887. — *Inscriptions libyco-berbères de la commune mixte des Safia*. (Album de 6 planches.) Le texte est sous presse ei figurera dans le prochain volume de la Société archéologique de Constantine.

— *Notes archéologiques sur Djelfa*. Mégalithes, poste romain, inscription. — *Revue africaine d'Alger*, 1er vol.

— *Notes sur les nécropoles mégalithiques de Roknia, Sigus, Djelfa, Oued-el-Amar (Laghouat)*, présentés par M. Henri Martin, de l'Institut, au Congrès de la Société pour l'avancement des sciences, tenu à Alger.

documents du Moyen Age, étudiés ou publiés par notre savant collègue avec les soins minutieux qu'exige l'érudition contemporaine, se trouvent en première ligne un bon nombre de cartulaires et de chartes du Dauphiné[1]. Il n'est pas inutile d'en donner ici la liste, qui comprend les publications suivantes : *Cartulaires de l'église et de la ville de Die*[*] ; *Cartulaire dauphinois de l'abbaye de Saint-Chaffre*[*] ; *Cartulaires des Hospitaliers et des Templiers en Dauphiné* ; *Nécrologe et Cartulaire des Dominicains de Grenoble* ; *Notice sur le Cartulaire d'Aimon de Chissé* ; *Notice sur un Cartulaire inédit de la ville de Grenoble*[2] ; *Cartulaire de l'abbaye de Notre-Dame-de-Léoncel, au diocèse de Die* ; *Cartulaire de la ville de Montélimar* ; *Cartulaire du prieuré de Saint-Pierre-du-Bourg-lès-Valence* ; *Cartulaire de l'Abbaye de Saint-André-le-Bas, de Vienne* ; *Actes capitulaires de l'église de Vienne*[*] ; *Nécrologe de Saint-Robert-de-Cornillon*[*] ; *Pouillés des diocèses de Vienne, Valence, Die et Grenoble*[*] ; *Hagiologe et Chroniques de Valence*, etc.

J'en omets sans doute[3], mais je ne puis m'abstenir de

---

[1] Je marque d'un astérisque ceux de ces documents qui ont été publiés dans le tome II de la *Collection de documents inédits relatifs au Dauphiné* publiée par l'Académie delphinale. (Grenoble, 1868, in-8º.)

[2] *Bulletin de l'Académie delphinale*, 3º série, t. III, année 1867, pp. 341-358.

[3] Les indications bibliographiques sur ce genre de publications se trouvent dans la *Bibliographie des Cartulaires publiés en France depuis 1840*, par M. Ulysse Robert. (*Cabinet historique*, t. XXIII, 1878, et tiré à part, avec un supplément de 1879.) Je dois ajouter qu'un cartulaire de l'abbaye de Bonnevaux, au diocèse de Vienne, paraîtra incessamment dans le *Bulletin de l'Académie delphinale*, par les soins de M. l'abbé Ul. Chevalier.

rendre un hommage spécial au *Choix de documents historiques inédits sur le Dauphiné, publiés d'après les originaux conservés à la Bibliothèque de Grenoble et aux Archives de l'Isère*[1], où figurent des pièces d'un intérêt capital pour l'histoire des régions du Sud-Est; au *Mystère des Trois-Doms*, œuvre commencée par M. Giraud et récemment terminée par M. Chevalier, qui y a déployé toutes les richesses de son érudition dauphinoise[2]; et enfin au *Bulletin d'histoire ecclésiastique et d'archéologie religieuse des diocèses de Valence, Gap, Grenoble et Viviers*, dirigé depuis neuf années par M. l'abbé Ulysse Chevalier, pour le plus grand profit des études d'histoire religieuse dans ces contrées.

Ce n'est pas seulement à l'histoire locale que M. l'abbé Chevalier a consacré ses veilles. Tous ceux d'entre nous qui, pour une raison ou une autre, ont dû étudier quelque point de l'histoire du Moyen Age, savent en quelle estime il y a lieu de tenir le *Répertoire des sources historiques*, œuvre principale de M. Chevalier, à laquelle il vient d'ajouter un important supplément[3]. Mener à bonne fin cet immense et fastidieux travail fut, à coup sûr, tout ce qu'il y a de plus pénible : mais M. Chevalier peut se réjouir en pensant que dans toutes les bibliothèques de l'Europe il est béni chaque jour par des travailleurs auxquels il épargne des recherches souvent difficiles,

---

[1] Publié par la *Société de Statistique de l'Isère*. Montbéliard et Lyon, 1874, in-8° de VII-400 pages. Ces documents commencent à l'année 1249 et vont jusqu'à la fin du XVe siècle.

[2] Voir plus loin, p. 38. On trouvera ci-dessous l'indication de plusieurs œuvres récentes de M. l'abbé Ul. Chevalier.

[3] Paris, 1877-1884, in-4°, avec un supplément publié en 1888.

toujours longues et incertaines, en leur mettant en main les instruments de leurs recherches et les objets de leurs études. — L'Académie des Inscriptions, qui s'est associé M. l'abbé Chevalier, a voulu en outre se faire l'interprète de la reconnaissance du monde savant en attribuant à l'auteur du *Répertoire* l'une de ses récompenses, le prix Brunet.

M. Chevalier n'est pas le seul d'entre vous à qui aient été, depuis moins de deux ans, décernés des prix de l'Institut. Déjà, il y a quelques années, l'Académie de Médecine avait reconnu les mérites scientifiques de M. le docteur Carlet en se l'attachant comme membre correspondant : aujourd'hui, c'est l'Académie des Sciences qui couronne, en la personne de notre collègue, l'auteur d'une série de remarquables travaux publiés depuis 1879 jusqu'à 1888. Ces travaux ont eu pour objet l'appareil musical de la cigale, la locomotion des insectes et des arachnides, et aussi les muscles de l'abdomen, les pièces de l'aiguillon et l'appareil vénénifique des hyménoptères. La haute assemblée, « appréciant l'importance des résultats obtenus par M. le docteur Carlet », lui a décerné le prix Thore[1]. Je crois, Messieurs et chers collègues, répondre à votre vœu unanime en félicitant M. le docteur Carlet d'une distinction si bien justifiée.

En l'année 1887, le 1er prix du concours des Antiquités nationales était attribué par l'Académie des Inscriptions à notre collègue, M. Roland Delachenal, pour son his-

---

[1] J'emprunte ces indications au rapport présenté à l'Académie des sciences par M. A. Milne Edwards : *Comptes rendus hebdomadaires des séances de l'Académie des sciences,* t. CVII, n° 26, pp. 1076-1078.

toire des *Avocats au Parlement de Paris* (1300-1600)[1].
« L'auteur (j'emprunte ici les expressions de M. Michel
Bréal, président de l'Académie) prend la confrérie à ses
origines, et nous fait assister à ses développements, à ses
progrès. Il montre la place qu'occupaient les avocats de
la Grand'Chambre, décrit la police des audiences, explique le mécanisme de la procédure : il montre ensuite les
rapports de la corporation des avocats avec la magistra-
ture, le pouvoir réglementaire et disciplinaire que le
Parlement exerçait par eux, et les circonstances où ils
pouvaient être associés à ses actes politiques. Enfin, il
explique comment quelques-uns, sous les titres d'avocats
du roi ou d'avocats généraux, chargés de défendre les inté-
rêts des princes, devinrent de véritables magistrats en titre
d'office. On ne saurait trop louer la conscience, la préci-
sion, la science exacte et sobre avec laquelle M. Delachenal a rempli ce cadre intéressant. Pour la première fois,
nous avons une histoire critique de l'ordre des avocats
dans la capitale[2]. »

Avec le beau livre de M. Félix Faure sur *les Assemblées de Vizille et de Romans*, le Dauphiné obtenait un
nouveau triomphe, cette fois à l'Académie française[3]. En
même temps, l'Académie couronnait la biographie d'un
dauphinois, Jean-Joseph Mounier, écrite par un jeune
historien dont le nom est encore respecté dans cette pro-

---

[1] Paris, 1885, in-8° de XXVIII-476 pages.

[2] Discours de M. Michel Bréal, président de l'Académie des inscriptions et belles-lettres, prononcé dans la séance publique annuelle du 18 novembre 1887.

[3] *Les Assemblées de Vizille et de Romans en Dauphiné, durant
l'année 1788,* par J.-A.-Félix Faure. Paris, Lyon et Grenoble, 1887,
in 8° de XXXXVII-399 pages.

vince[1]. Vous me permettrez, Messieurs et chers collègues, de suivre l'exemple de l'éminent secrétaire perpétuel de l'Académie française, en associant dans un même
hommage ces deux ouvrages « qui pourraient n'en faire
qu'un, tant ils rappellent les mêmes souvenirs, étant ins-
pirés par la même pensée et ayant la même origine, sinon
la même conclusion[2]. » Vous me permettrez aussi d'unir
dans les félicitations bien méritées que je leur adresse en
votre nom, notre collègue ancien, M. Félix Faure, et ~~celui~~
~~le~~ jeune écrivain qui sera dans quelques jours associé à
votre compagnie, M. de Lanzac de Laborie.

Tel est pour nous, Messieurs, le bilan de ces deux dernières années : deux membres de notre Académie sont
devenus membres correspondants de l'Institut, cinq ont
obtenu des récompenses importantes dans les concours
ouverts par les diverses Académies. Puis-je ajouter, sans
blesser aucune modestie, que l'un de nos collègues,
M. Trouiller, trop absorbé par le souci de son enseignement
pour gagner par des ouvrages le succès qui s'offrirait na-
turellement à lui, l'a conquis au moins pour deux de ses
élèves dont il a fait des lauréats du concours général des
Facultés de droit, et qu'un autre d'entre nous, M. Monavon
vient de recueillir, dans des concours poétiques, une ample
moisson de lauriers, prouvant ainsi (l'Académie qui le con-
naît ne s'en étonnera pas) que le Dauphiné ne produit pas
seulement des mathématiciens et des juristes, et qu'on
ne dédaigne pas d'y sacrifier parfois sur l'autel d'Apollon ?

[1] *Jean-Joseph Mounier*, par L. de Lanzac de Laborie. Paris, 1887,
in-8° de 341 pages.

[2] Rapport de M. Camille Doucet, secrétaire perpétuel de l'Académie française, sur les concours de l'année 1888 ; lu à la séance
publique annuelle du 15 novembre 1888.

II

Je voudrais maintenant qu'il me fût possible de signaler toutes les œuvres que votre activité scientifique ou littéraire et celle de vos correspondants a produites dans ces derniers temps : mais c'est là un travail qui dépasserait les limites qui me sont assignées. Il me faut donc me décider à passer sous silence celles de ces œuvres qui traitent de sujets d'intérêt général. Ce n'est pas sans tristesse que je me résigne à ne point mentionner tant d'ouvrages recommandables qui se rattachent aux branches les plus variées des connaissances humaines : par exemple, les derniers écrits de ce philosophe qui, non content de maintenir les nobles traditions de l'école socratique, éclairée par le christianisme, vous montre en outre, par des pensées et par des discours encore présents à votre mémoire, ce que peuvent tous les charmes du style mis au service d'une ferme raison et d'un jugement délicat[1] : ou bien encore les travaux de cet historien qui ne se borne pas à réunir autour de sa chaire un

---

[1] Je dois au moins citer, en tête de ces pages où je me propose de résumer les œuvres de nos collègues consacrées à l'histoire locale, le discours de M. C.-C. Charaux sur l'*Étude de l'histoire en province*. — *Bulletin de l'Académie Delphinale*, 4e série, t. II, année 1887, et tirage à part. Grenoble, 1888, in-8°.

nombreux auditoire que charme son élégante parole, mais se consacre à la composition de livres destinés à faciliter la tâche des maîtres de l'enseignement à ses divers degrés [1].

C'est donc sur des travaux à vrai dire très divers, mais portant tous un caractère commun, celui d'intéresser directement votre province, que je me propose uniquement d'appeler votre attention. L'exposé rapide que j'en veux faire permettra de juger du point de savoir si vous remplissez votre rôle d'institution provinciale; peut-être sera-t-il permis d'en conclure que jamais vous n'avez cultivé avec plus d'ardeur l'étude du passé et du présent de votre pays [2].

En première ligne, il convient de placer la bibliographie, puisqu'elle fournit des outils à tous les travailleurs, quelle que soit leur spécialité. Cette branche des connaissances n'a point été négligée par vous, tant s'en faut; les bibliographes dauphinois — celui qui se dit vieux et qui,

---

[1] Parmi les publications récentes de M. de Crozals figurent une *Histoire de la Civilisation* et un *Plutarque,* qui a pris rang dans la *Collection des classiques populaires* (Lecène et Oudin, éditeurs).

[2] Je ne cite que les œuvres les plus importantes; on trouvera une foule de travaux moindres, qui souvent décèlent une érudition consciencieuse, dans les publications périodiques dauphinoises : *Bulletin de la Société d'archéologie et de statistique de la Drôme; Bulletin de la Société d'études des Hautes-Alpes, Bulletin d'histoire ecclésiastique..... des diocèses de Valence, Gap, etc.; Petite Revue dauphinoise; Bulletin de la Société de statistique de l'Isère; Le Dauphiné,* journal hebdomadaire publié à Grenoble; *Bulletin de l'Académie Delphinale.*

aussi bien par ses publications personnelles que par les encouragements qu'il prodigue aux travaux d'autrui, ne cesse d'acquérir de nouveaux titres à la gratitude du public lettré[1], comme celui qui, empruntant à l'alphabet des pseudonymes, cache son nom, mais point sa science, — poursuivent avec zèle l'inventaire des innombrables écrits qui, par un côté ou un autre, intéressent le Dauphiné. —

---

[1] Ce n'est que justice de signaler ici la collection bibliographique publiée par le *Vieux bibliophile dauphinois* (M. Chaper). Cette collection comprend, sous le titre d'*Études de bibliographie dauphinoise*, les ouvrages suivants :

I. — *L. Ybot, poète et comédien dauphinois.* Grenoble, 1870, in-8°; tiré à 50 ex. (par M. Chaper).

II. — *Notice historique et bibliographique sur les imprimeurs de l'Académie protestante de Die au XVII° siècle*, par E. Arnaud. Grenoble, 1870, in-8°.

III. — *Notice sur les controverses religieuses en Dauphine pendant la période de l'édit de Nantes*, par E. Arnaud. Grenoble, 1872.

IV. — *Notes sur François Marc, jurisconsulte dauphinois, et sur Anemond Amabert, imprimeur à Grenoble au XVI° siècle*, par un Bibliophile dauphinois. Vienne, 1877.

V. — *Notice historique et bibliographique sur Antoine et Pierre Baquelier, citoyens de Grenoble, et les ouvrages qu'ils ont publiés au XV° et au XVI° siècle*, par un vieux Bibliophile dauphinois. Grenoble, 1885.

VI. — *Notes sur les thèses illustrées dauphinoises*, par un vieux Bibliophile dauphinois. Grenoble, 1886.

VII. — *Supplément à la Notice sur les Imprimeurs de l'Académie protestante de Die au XVII° siècle*, par M. E. Arnaud. Grenoble, 1886.

VIII. — *Supplément à la Notice sur les controverses religieuses en Dauphiné pendant la période de l'édit de Nantes*, par E. Arnaud. Grenob'e, 1886.

IX. — *Recherches sur les Cartiers et les Cartes à jouer à Grenoble*, par E. Maignien. Grenoble, 1887.

X. — *Notice bibliographique et historique sur Auguste Boissier, poète patois de Die*, par Ad. Rochas. Grenoble, 1887.

M. Edmond Maignien, dont une généreuse donation nous
a permis il y a quelques années de couronner l'*Histoire
de l'Imprimerie à Grenoble*[1], continue dans la *Petite revue
dauphinoise* ses *Recherches sur les Imprimeurs dauphinois*[2]; il achève, dans la revue *Le Dauphiné,* la publication
d'un important *Dictionnaire des anonymes dauphinois,* et
vient de terminer une *Bibliographie des brochures, affi-
ches, etc., publiées en Dauphiné de 1787 à 1806.* Cet ouvrage sera un instrument de travail indispensable à qui-
conque s'occupera de l'histoire de la Révolution : puisse-t-
il trouver bientôt les souscriptions nécessaires pour que la
publication en soit entreprise sans délai ! — Avant d'aban-
donner cet ordre d'idées, il convient d'ajouter que nous
devons au travail de notre collègue M. Piollet la table
du vingtième volume de la collection de notre bulletin,
œuvre d'intelligent dévouement, qui donnera à notre collection sa juste valeur, en y rendant les recherches faciles
et fructueuses [3].

Pendant les deux dernières années, notre collègue

---

[1] *L'Imprimerie, les Imprimeurs et les Libraires à Grenoble, du* XVe
au XVIIIe *siècle,* par Edmond Maignien, conservateur de la Bibliothèque de Grenoble, membre de l'Académie Delphinale. Grenoble,
1885, in-8°.

[2] *Petite Revue dauphinoise,* Grenoble, in-8°, année 1888-1889,
passim.

[3] Ce n'est pas seulement à Grenoble que la bibliographie dauphinoise a provoqué les travaux des érudits. Elle a, à plusieurs
reprises, appelé l'attention de M. L. Delisle, qui récemment encore
publiait dans la *Bibliothèque de l'École des Chartes* (t. XLVIII,
année 1887, p. 173), une notice sur *Un libraire de Grenoble au
commencement du* XVIe *siècle.*

M. Lory a continué ses travaux sur la géologie des Alpes. Aux feuilles de Grenoble et de Vizille, qu'il a publiées antérieurement pour la *Carte géologique détaillée de la France*, il se prépare à ajouter bientôt plusieurs feuilles qui compléteront la carte du Dauphiné et de la Savoie. En outre, en 1887, M. Lory a communiqué à l'Académie des sciences de nouveaux résultats de ses recherches sur les cristaux microscopiques formés dans les roches calcaires ; en 1888, il a adressé au congrès géologique international de Londres un mémoire sur *la structure et l'origine des schistes cristallins considérés spécialement dans les Alpes occidentales*, des Alpes bernoises jusqu'au Pelvoux. Ainsi, notre savant collègue marque chaque année par des travaux bien dignes, au dire des connaisseurs, du vigoureux esprit qui personnifie la science géologique en Dauphiné.

En les mentionnant, j'ai cité les seules publications d'ordre scientifique que j'aie à vous signaler pour me conformer au programme que je me suis tracé. En effet, les membres de l'Académie Delphinale ont surtout dirigé leurs efforts vers l'histoire de la province et vers les sciences accessoires de l'histoire. Ici, les publications abondent : j'essaierai de vous les présenter dans un ordre méthodique.

D'innombrables témoignages du passé, souvent de la plus haute valeur, dorment dans nos archives et dans nos bibliothèques. Or, trop souvent des écrivains ont prétendu raconter les évènements anciens sans recueillir ces témoignages, et, se privant ainsi volontairement de la plus vaste source d'informations, ils ont peut-être réussi à composer des œuvres littéraires, jamais à écrire des

livres qui méritassent le nom d'histoire. Ce qui leur ser-
vait d'excuse plus ou moins valable, c'est qu'ils considé-
raient ces documents comme inaccessibles ou introuva-
bles. La publication des inventaires de nos archives et
des catalogues des manuscrits de nos bibliothèques
marche assez rapidement pour que ce simulacre d'excuse
leur soit bientôt enlevé. En ce qui touche le Dauphiné,
cette œuvre a fait de notables progrès en 1888 : je suis
heureux de signaler la part qu'y ont prise deux érudits
qui appartiennent à l'Académie.

Poursuivant l'œuvre entreprise par son prédécesseur,
M. Pilot, auquel on doit un volume et la moitié d'un second volume d'Inventaire, notre collègue M. Prudhomme,
archiviste de l'Isère, avait déjà publié le second volume
de l'*Inventaire des Archives de la Chambre des comptes
de Grenoble;* il pousse activement l'exécution du troisième volume, dont quinze feuilles sont déjà imprimées.
Dans les Hautes-Alpes, notre collègue M. l'abbé Guillaume, archiviste du département, a fait paraître en 1888
le premier volume de son inventaire, comprenant les
séries A, B et C, c'est-à-dire les actes du pouvoir central,
les archives des corps judiciaires et les papiers de l'in-
tendance et des administrations qui lui étaient subor-
données. Il prépare un second volume où seront inven-
toriées les archives des établissements religieux supprimés
à la Révolution [1].

---

[1] Pour être complet, je dois signaler l'Inventaire des archives
départementales de la Drôme, rédigé par M. Lacroix, notre ancien
collègue, qui compte maintenant deux volumes : le premier (série
B), consacré aux corps judiciaires ; le second (séries D et E), consacré à l'Université de Valence, à l'Académie de Die et aux titres
féodaux et de famille.

Après les archives départementales viennent les archives communales et hospitalières. Dans l'Isère, M. Prudhomme a publié, en 1886, le premier volume de l'*Inventaire des Archives municipales de Grenoble*, contenant les privilèges de la cité et les délibérations du corps de ville ; le second volume est en cours d'impression. Le même infatigable éditeur publiera bientôt en un volume l'inventaire de la très riche collection d'archives des hospices de Grenoble[1]. Point n'est besoin d'insister sur les services que sont destinés à rendre ces inventaires, surtout depuis qu'on a pris le parti très sage d'analyser un à un et de dater tous les documents importants.

A ces publications, qui portent toutes le caractère officiel, il est nécessaire d'ajouter la mention d'une publication due à l'initiative privée : c'est celle de l'*Inventaire des Archives seigneuriales de l'Argentière en 1481*, publié par M. l'abbé Guillaume, comme annexe au *Bulletin de la Société d'études des Hautes-Alpes*, en 1888.

Grâce à une collaboration dans laquelle nos collègues, MM. Maignien et Prudhomme, ont fourni leur bonne part, le catalogue des collections manuscrites de la Bibliothèque de Grenoble, récemment achevé, a été imprimé par les soins du Ministère de l'Instruction publique ; il ne manque plus que la table, en ce moment en préparation, pour que ce catalogue se présente aux érudits dauphinois sous la forme respectable d'un gros volume in-8° de 700 à 800 pages[2]. Je ne crois pas avancer une propo-

---

[1] Dans la Drôme, M. Lacroix a publié jadis deux volumes in-4°, contenant des Inventaires d'archives communales.

[2] Ce volume formera le tome VII de la collection in-8° des *Catalogues des Bibliothèques des départements*, publiée par le Ministère de l'Instruction publique.

sition téméraire en leur annonçant qu'ils trouveront
quelque intérèt à feuilleter ce volume, où seront invento-
riés tant de documents importants pour l'histoire de leur
province.

Des inventaires de documents aux documents eux-
mêmes, la transition est facile : or, il a été publié, en
1888, des textes d'une haute importance pour l'histoire
du Dauphiné [1].

Pour l'époque du Moyen Age et de la Renaissance,
l'année 1888 apporte un contingent notable de publications de textes intéressants, exécutées par vos soins ou
ceux de vos correspondants :

1º Le savant et laborieux archiviste des Hautes-Alpes,
M. l'abbé Paul Guillaume, a publié, en 1888, le cartulaire
du monastère des religieuses chartreuses de Notre-
Dame de Bertaud, au diocèse de Gap [2];

---

[1] Je me fais un devoir de mentionner ici la publication récente
du XIIº volume du *Corpus Inscriptionum Latinarum* entrepris par
l'Académie royale de Berlin, où ont été recueillies par M. Hirschfeld toutes les inscriptions latines de la Narbonnaise. (*Inscriptiones
Galliæ Narbonensis Latinæ consilio et auctoritate Academiæ Litte-
rarum Regiæ Borussicæ*, edidit Otto Hirschfeld. Berlin, in-fº, 1888.)
Parmi ces inscriptions se trouvent celles qui proviennent du Dauphiné ; le savant éditeur s'est aidé, pour les publier, de toutes les
ressources de l'érudition dauphinoise passée et présente, si bien
qu'on retrouve dans ses notes des noms bien connus de l'Académie, comme ceux de MM. Allmer, de Terrebasse, Long, Ollivier,
Accarias, Florian Vallentin, Chaper, Guirimand, Leblanc, pour ne
parler que des contemporains. — Il convient aussi de signaler à cette
place une publication de M. Guirimand : *Découverte à Grenoble d'une
inscription en l'honneur de Maia*. Grenoble, 1887, in-8º (*Bulletin de
l'Académie Delphinale*, 4ᵉ série, t. II, année 1887).

[2] *Chartes de Notre-Dame de Bertaud* (1168-1449). Gap-Paris, 1888,
in-8º de LVI-368 pages.

2° Le même éditeur a publié, dans le *Bulletin de la Société d'études des Hautes-Alpes*[1], les pouillés des diocèses de Gap et d'Embrun en 1516, d'après un manuscrit de la Bibliothèque nationale. Son but a été de compléter, pour la région dauphinoise, l'œuvre que d'autres avaient commencée par la publication des pouillés des diocèses de Vienne, de Grenoble, de Valence et de Die[2];

3° Notre collègue, M. le baron de Coston, a publié dans le *Bulletin de la Société d'archéologie de la Drôme* : la Donation du fief de la Garde-Adhémar, par le baron de Grignan à Escalin des Aimars, en 1544, et une étude analytique des terriers rédigés en 1402 et 1500 pour une branche de la famille de Puy-Maubrun[3];

4° La *Collection de documents dauphinois*, due à la

---

[1] Année 1888, pp. 69 à 100.

[2] Pouillé du diocèse de Vienne, publié par M. le chanoine Ul. Chevalier : *Bulletin de la Société d'archéologie de la Drôme*, t. I, année 1866, pp. 224 et 331 ; t. II, année 1867, pp. 158 et 391 ; t. IV, année 1869, pp. 197 et 302.

En 1868, M. Ul. Chevalier a publié des pouillés des diocèses de Vienne, Valence, Grenoble et Die. *Polypticha, id ex regesta taxationis beneficiorum*..... Grenoble, 1868, in-8°.

M. Marion a publié deux pouillés du diocèse de Grenoble, l'un du XIVᵉ siècle et l'autre de 1497, dans son édition du *Cartulaire de l'église cathédrale de Grenoble*, collection des documents inédits. Paris, 1869, in-4°.

En 1876, M. Brun-Durand a publié le *Pouillé historique du diocèse de Die en 1449 et en 1450*. Grenoble, in-8°, 48 pages.

Enfin, M. l'abbé Guillaume a publié une partie du pouillé du diocèse d'Embrun dans les *Annales de Notre-Dame de Laus*, avril-mai 1879.

J'emprunte ces renseignements à l'introduction que M. Guillaume a placée en tête des pouillés de Gap et d'Embrun.

[3] *Bulletin de la Société d'archéologie... de la Drôme*, année 1887, pp. 114 et suiv., et année 1887, pp. 365 et suiv.

libérale initiative de M. Chaper, s'est accrue d'un fascicule intitulé : *Montres et Revues des Capitaines dauphinois, recueillies, publiées et annotées par M. Joseph
Roman* [1]. Ces montres, qui appartiennent au XIVᵉ, au XVᵉ
et au XVIᵉ siècle, donnent de nombreux renseignements
sur les familles dauphinoises, en même temps qu'elles
font apparaître la large part que les gentilshommes dauphinois n'ont cessé de prendre à toutes les luttes où la
France s'est trouvée engagée. De tels documents prou-
vent qu'on eut bien raison d'observer jusqu'à la Révolution la pieuse coutume de célébrer chaque année, dans
la cathédrale de Grenoble, un service pour les Dauphinois tombés sur les champs de bataille de la guerre de
Cent ans ;

5° M. le chanoine Ulysse Chevalier a tiré des chartes

---

[1] Cette collection comprend aujourd'hui les fascicules suivants :

I. — *Histoire abrégée du Dauphiné de 1626 à 1826,* par Augustin
Perier. Grenoble, 1881.

II. — *Émigrés protestants dauphinois secourus par la Bourse française de Genève de 1680 à 1710.* Liste publiée pour la
première fois par E. Arnaud. Grenoble, 1885.

III. — *Destruction des archives du Parlement et de la Cour des
Comptes du Dauphiné, ordonnée et commencée en 1793,*
publiée par M. Chaper. Grenoble, 1886.

IV. — *Notice historique sur les édifices religieux détruits de 1790
à 1820 dans le département de l'Isère,* rédigée en 1822
par M. Aug. Ducoin. Grenoble, 1886.

V. — *Procès-verbaux du Comité de surveillance révolutionnaire de
Vienne-la-Patriote (31 mars 1794 au 21 mars 1795),* publiés
par M. Chaper. Grenoble, 1888.

VI. — *La Journée des Tuiles à Grenoble (7 juin 1788).* Documents
contemporains en grande partie inédits, publiés par
M. Chaper. Grenoble, 1888.

VII. — *Montres et Revues des Capitaines dauphinois,* recueillies, publiées et annotées par J. Roman. Grenoble, 1888.

nombreuses qu'il a publiées ou compulsées l'*Itinéraire des Dauphins*, c'est-à-dire la liste de leurs séjours, document important pour leur biographie et la critique des actes qui leur sont attribués [1]. Il a, en outre, publié de concert avec M. Edmond Maignien, le compte de Raoul de Louppy, gouverneur du Dauphiné au temps de Charles V, qui contient d'intéressants renseignements sur la politique du roi et ses rapports avec la cour d'Avignon [2];

6° Notre collègue M. l'abbé Perrin a, par sa courte publication, *les libertés et franchises de la ville du Pont-de-Beauvoisin* [3], contribué à l'étude de l'histoire municipale des régions du Sud-Est de la France au Moyen Age.

7° Les sources historiques de la période des guerres de religion, enrichies récemment par la publication aussi intéressante que considérable des *Mémoires d'Eustache Piémond* (dont nous sommes redevables à M. Brun-Durand), vient encore de s'accroître d'une série de documents du même genre. Ce sont :

A. *Les Mémoires d'Achille Gamon, avocat d'Annonay*, publiés par M. Brun-Durand [4];

---

[1] *Itinéraire des dauphins de la deuxième race*, publié dans la *Petite Revue dauphinoise*, t. I (1886-1887), pp. 57-73. — *Itinéraire des dauphins de la troisième race*, ibid., pp. 89, 105, 145. — *Itinéraire de Louis XI, dauphin*, ibid., pp. 24-46.

[2] *Compte de Raoul de Louppy, gouverneur du Dauphiné, de 1361 à 1369*, publié par MM. le chanoine Ulysse Chevalier et Edmond Maignien. Romans, 1886, in-8° de VIII-74 pages, publié en supplément de l'année 1886-1887, du *Bulletin d'histoire ecclésiastique des diocèses de Valence, Gap, etc.*

[3] Grenoble, 1887, in-8°.

[4] *Bulletin de la Société d'archéologie de la Drôme*, années 1886-1887.

B. *Les Mémoires du P. Archange de Clermont, Récollet*, pour servir à l'histoire des Huguenots à Romans, publiés par M. l'abbé Jules Chevalier [1];

C. *Les Mémoires des frères Gay, de Die*, pour servir à l'histoire des guerres de religion en Dauphiné, avec un texte supplémentaire, des notes généalogiques et des documents inédits [2], publiés par le même ;

D. *Les Mémoires de Laurent Gally, notaire d'Oulx*, sur les évènements arrivés en Dauphiné de 1515 à 1590, publiés par notre collègue M. Edmond Maignien [3];

E. Plusieurs lettres inédites du baron des Adrets, publiées par notre collègue M. A. Prudhomme [4].

Je suis en outre en mesure d'annoncer la publication prochaine par M. Joseph Roman, d'un recueil dont l'impression est déjà commencée ; l'auteur, très compétent en ces matières (il a jadis édité, de concert avec le comte Douglas, la correspondance de Lesdiguières) y réunira des documents sur la réforme et sur les guerres de religion en Dauphiné [5].

Ces nombreuses publications de textes ne détermineront-elles pas un de nos collègues à entreprendre de fixer d'une manière définitive l'histoire des guerres de religion en Dauphiné ? L'œuvre serait utile et le moment semble favorable.

---

[1] Romans, 1887, in-8° de VIII-75 pages.
[2] Montbéliard, 1888, in-8° de 353 pages.
[3] Journal *Le Dauphiné*, 1888.
[4] *Bulletin de l'Académie delphinale*, 4e série, t. I, année 1886, pp. 210-239.
[5] Ce volume sera publié par les soins de la Société de Statistique de l'Isère.

J'ai le devoir enfin de vous entretenir de quelques publications de textes qui se rattachent à l'époque moderne.

M. l'abbé Guillaume a édité : les *Comptes consulaires du mandement de Saint-Crespin* (Hautes-Alpes), en 1695 et 1696 [1]. Ces comptes renferment des indications précieuses pour l'histoire de l'invasion des troupes de Victor-Amédée de Savoie dans le Gapençais et dans l'Embrunais (1692) ; ils contiennent aussi des détails intéressants sur la situation de ces cantons foulés par la guerre et les passages des troupes.

Un autre de nos collègues, M. le commandant de Rochas d'Aiglun, bien connu pour ses études d'histoire militaire sur la région des Hautes-Alpes [2], vient de livrer au public un résumé des *Guerres de la succession d'Espagne dans les Alpes*, de 1707 à 1713. Ce résumé qui permettra de coordonner de nombreux travaux épars sur ces matières,

---

[1] *Bulletin de la Société d'études des Hautes-Alpes*, année 1888, appendice.

[2] Sur l'histoire militaire des Alpes, M. de Rochas a publié :

1° *L'Histoire militaire d'Embrun*. Grenoble, 1871 (Extrait du journal *Le Dauphiné*.)

2° *Notice sur les fortifications de Grenoble* ; *Bulletin de l'Académie Delphinale*, 3e série, t. VIII. année 1872, pp. 3-31.

3° *Les campagnes de 1692 dans le Haut-Dauphiné* ; *Bulletin de la Société de Statistique de l'Isère*, 3e série, t. V, année 1876, pp. 17-199.

4° *La Topographie militaire des Alpes*, œuvre de Montanel, ingénieur géographe. Grenoble, 1875, in-8°. *Documents inédits publiés par l'Académie Delphinale*, t. III.

5° Un Mémoire sur *les Vallées Vaudoises*. Paris, 1880, in-8° de 330 pages.

6° *Mémoires de la guerre sur les frontières du Dauphiné de 1742 à 1747*, par Brunet de Largentière, avec une préface et des notes. Paris, 1887, in-8° de 88 pages.

a été rédigé, en 1721. par M. de la Blottière, ingénieur militaire [1].

Tels sont, Messieurs, les documents publiés récemment par les soins de membres de l'Académie delphinale : j'ai volontairement exclu de cette liste les documents concernant l'époque révolutionnaire, sur lesquels je compte revenir plus loin.

Non seulement, Messieurs et chers collègues, vous publiez les textes ou vous aidez à leur publication ; mais souvent vous entreprenez vaillamment de les mettre en œuvre. — Parmi vos ouvrages récents, je n'en connais point qui concerne l'histoire générale du Dauphiné. En revanche, nombreuses sont les publications qui traitent de l'histoire d'une région ou d'une localité appartenant au Dauphiné.

Dans la Drôme, pendant que notre ancien collègue M. Lacroix commence l'histoire des communes de l'arrondissement de Nyons [2], — suite naturelle des sept volumes où il a consigné celle des communes de l'arrondissement de Montélimar, — un de nos collègues, M. l'abbé Jules Chevalier, a entrepris de débrouiller les annales des anciens souverains du pays. Jusqu'à présent, le savant auteur a publié trois mémoires justement appréciés où il raconte l'histoire fort inconnue des comtes de Valentinois et de Diois au XIIe et au XIIIe siècle : le dernier de ces mémoires contient d'intéressants détails sur

---

[1] Cette nouvelle publication se trouve dans le *Bulletin de la Société d'études des Hautes-Alpes*. 1888, pp. 101-114.

[2] *Bulletin de la Société d'archéologie de la Drôme*, année 1888.

la noble dame Isoarde, que la poésie et la légende connaissent sous le nom de « comtesse de Die »[1].

A côté de cette publication, le département des Hautes-Alpes peut mettre en ligne des ouvrages non moins importants.

M. l'abbé Guillaume ne se contente pas d'annoncer une édition de l'histoire encore inédite des Alpes Maritimes et Cottiennes, jadis écrite par le jésuite Marcellin Fournier et continuée, jusqu'en 1672, par Raymond Juvenis, procureur du roi à Gap[2] ; il a marqué l'année 1887 par une série de mémoires où il a étudié, en résumant les documents authentiques, divers points de l'organisation des Hautes-Alpes à la fin de l'ancien régime : à savoir, l'état financier des communes, les forêts, les collèges de Gap et d'Embrun, l'état des biens des hôpitaux[3].

---

[1] *Mémoires pour servir à l'histoire des comtés de Valentinois et de Diois ; Bulletin de la Société d'archéologie de la Drôme*, années 1888 et 1889, *passim*. Il n'est pas inutile de signaler ici les études de M. l'abbé Fillet sur le Vercors, publiées sous le titre d'*Histoire religieuse du canton de la Chapelle-en-Vercors*, dans le *Bulletin d'histoire ecclésiastique des diocèses de Valence, Gap*, etc..... ; années 1887-1888 et 1888-1889, *passim*.

[2] *Histoire générale des Alpes Maritimes et Cottiennes*, et particulièrement d'Embrun, leur métropolitaine, par le P. Marcellin Fournier, de la Compagnie de Jésus, continuée par le chroniqueur Raymond Juvenis, procureur du Roi à Gap, publiée avec notes et documents inédits, sous les auspices de la Société d'études des Hautes-Alpes, par Paul Guillaume. (En souscription.)

[3] Le *Bulletin de la Société d'études des Hautes-Alpes*, année 1887, contient les dissertations suivantes, qui ont toutes pour auteur M. l'abbé Guillaume :

1° *Situation financière des communes des Hautes-Alpes (1788-1791)* ; 2° *Les Forêts des Hautes-Alpes en 1727 et en 1728* ; 3° *Les Collèges de Gap et d'Embrun avant 1790* ; 4° *État des biens des hôpitaux des Hautes-Alpes en 1766.*

De son côté, M. Joseph Roman a consacré au département des Hautes-Alpes une œuvre historique d'un intérêt
exceptionnel. C'est un ensemble de travaux qui a com-
mencé par le *Dictionnaire topographique* du département[1]. En 1887, paraissait le premier volume du *Tableau
historique des Hautes-Alpes*[2], dont le second volume,
contenant l'analyse d'un grand nombre de chartes et documents, sera bientôt achevé. En 1888, M. Roman a publié
le *Répertoire archéologique* du même département[3]. Je
ne sache pas qu'il y ait en France une région dont on ait
fouillé le passé avec plus de persévérance et d'amour[4].

Sur le point des travaux régionaux, l'Isère a beaucoup
à envier à la Drôme et aux Hautes-Alpes : au moins dois-
je signaler les études historiques sur le Trièves, données
par notre collègue M. l'abbé Lagier, en 1887 et 1888, au
Bulletin de la Société archéologique de la Drôme et au
*Bulletin d'histoire ecclésiastique des diocèses de Valence,
Gap*, etc.[5].

---

[1] *Dictionnaire topographique du département des Hautes-Alpes.*
Paris, Imprimerie Nationale, in-4°, 1884.

[2] *Tableau historique du département des Hautes-Alpes.* Paris-
Grenoble, 1887, in-4° de xxxii-204 pages.

[3] *Répertoire archéologique du département des Hautes-Alpes.* Paris,
Imprimerie Nationale, 1888, in-4° de xvi-231 pages.

[4] Pour le Briançonnais, on consultera avec fruit les écrits de
M. Aristide Albert, notre ancien collègue. Citons parmi ses publi-
tions récentes :

1° *Le pays Briançonnais, notes sur le canton de l'Argentière.* Grenoble, 1887, in-16, iv-320 pages ; 2° *Bibliographie du Briançonnais*,
dans le *Bulletin de la Société d'études des Hautes-Alpes*, année 1888,
pp. 266 et suiv.

[5] *Le Trièves et son passé ; Bulletin de la Société archéologique de
la Drôme* (années 1887-1888), *passim*. —Voyez aussi *Le Trièves pendant la Révolution*, dans le *Bulletin d'histoire ecclésiastique...* des

J'en viens maintenant aux travaux qui traitent de l'histoire d'une localité particulière. A tout seigneur tout honneur : il convient de commencer par la capitale du Dauphiné, qui a trouvé son historien dans la personne de M. A. Prudhomme [1]. Je n'ai pas à vous parler longuement de ce livre que vous connaissez tous. Des relations déjà anciennes d'une amicale confraternité m'empêcheront d'ailleurs de vous dire tout le bien que je pense de l'érudition solide et étendue de l'auteur, de son habileté à tirer parti des sources historiques si nombreuses où il a puisé (et notamment de la magnifique collection des archives communales) ; enfin de la netteté et de la sobriété de son exposition. Au moins puis-je m'estimer heureux que ce soit un membre de notre compagnie qui ait raconté la vie de la vieille cité dauphinoise, et qui l'ait suivie à travers toutes ses vicissitudes depuis la pauvre bourgade celtique de Cularo jusqu'à la ville moderne qui renverse successivement, en un siècle, les deux enceintes où elle se trouve trop à l'étroit.

D'autres villes et villages du Dauphiné ont été, en ces derniers temps, l'objet de travaux qu'il convient de citer.

Notre collègue, M. le baron de Coston, avait, en 1886, publié le troisième volume d'une importante « *Histoire de Montélimar et des principales familles qui ont habité cette ville* [2]. » M. l'abbé Jules Chevalier, suivant cet exemple, a publié, en 1888, le premier volume d'un *Essai historique sur l'église et la ville de Die* [3], où l'on retrouve

---

diocèses de *Valence, Gap*, par le même auteur ; années 1887-1888, 1888-1889, *passim*.

[1] *Histoire de Grenoble*. Grenoble, 1888, in-8° de XIV-682 pages.
[2] Montélimar, in-8° de 540 pages.
[3] Montélimar, 1888, in-8° de 500 pages.

l'érudition étendue et sûre qui caractérise les publications de ce savant. De son côté, M. le docteur Ulysse Chevalier a publié la deuxième édition, considérablement augmentée, de l'*Armorial historique de Romans*[1] ; une *Notice sur l'atelier monétaire de Romans*[2] ; et enfin une autre notice sur *Un tournoi à Romans en 1484*[3].

Notre collègue M. le docteur Chabrand, a poursuivi dans le *Bulletin de la Société d'études des Hautes-Alpes*, la publication de mémoires consciencieux et intéressants sur l'administration municipale de Briançon[4].

Dans la *Petite Revue Dauphinoise*[5], notre collègue, M. le chanoine Auvergne, a publié une enquête faite au Bouchage, en 1301, sur une des innombrables questions de délimitation entre les domaines des dauphins et des comtes de Savoie ; il entreprend dans cette revue une étude sur les seigneurs de Morestel. Au *Bulletin d'histoire ecclésiastique des diocèses de Valence, etc.*, M. Auvergne a donné les *Statuts de l'hôpital de Morestel en 1450*[6] : on ne saurait trop applaudir à la publication de ces documents si précieux pour l'histoire encore trop ignorée des établissements charitables dans nos campagnes françaises au Moyen Age. — Notre collègue, M. l'abbé Chapelle, déjà connu de l'Académie, a fait paraître une notice étendue sur l'histoire de sa paroisse, la commune de Merlas (Isère), donnant ainsi un exemple que beaucoup

---

[1] Lyon, 1887, in-8° de xvii-258 pages.
[2] *Bulletin de la Société d'archéologie de la Drôme*, année 1888.
[3] Romans, 1888, in-8°, 33 pages ; article de l'*Impartial*.
[4] *Bulletin*, etc. : 1886, pp. 102, 183, 345, 474 ; 1887, pp. 41, 114 195, 314 ; 1888, p. 39.
[5] 3ᵉ année, 1888-1889, p. 50.
[6] Année 1887-1888, pp. 124-163.

de ses confrères pourraient sans doute suivre, au grand profit de l'histoire civile et religieuse du Dauphiné[1].

La biographie, cette autre forme de l'histoire, est représentée par quelques productions récentes que je tiens à citer, sans parler ici des biographies religieuses qui trouveront leur place plus loin. Notre collègue, M. Honoré Pallias, a donné une édition nouvelle, enrichie de notes, des *Dauphinois*, de Philibert Brun, écrivain qui s'est beaucoup occupé du Dauphiné au XVIIᵉ siècle[2]. M. Maignien a publié des renseignements biographiques sur une branche de la famille briançonnaise de Raby qui, au siècle dernier, s'établit à Brest où elle ne tarda pas à acquérir une influence considérable[3]. M. le baron de Coston a écrit un chapitre de la vie de Louis Bonaparte, roi de Hollande, d'après les lettres qu'il adressait à son ami François Mesangère, de Valence[4]. Enfin, notre nouveau collègue, M. Stryienski, a livré au public l'autobiographie d'un dauphinois célèbre entre tous, je veux parler d'Henri Beyle-Stendhal[5]. Cette publication très curieuse rendra plus facile l'œuvre des critiques littéraires, en leur permettant de mieux connaître le caractère de Stendhal : je crains bien qu'elle ne contribue guère à lui gagner des amis. M. Stryienski poursuit là tâche qu'il s'est donnée

---

[1] *Petite Revue dauphinoise,* 8ᵉ année, 1887-1888, *passim.*

[2] Lyon, 1888, in-8° de 47 pages.

[3] *Une famille d'émigrés briançonnais au* XVIIIᵉ *siècle, ou notices généalogiques sur la famille Raby.* Grenoble, 1888 ; extrait du journal *Le Dauphiné.*

[4] *Bulletin de la Société d'archéologie de la Drôme,* 1887-1889, *passim.*

[5] *Journal de Stendhal* (Henri Beyle) 1801-1874, publié par Casimir Stryienski et François de Nion. Paris, 1888, in-12 de 488 pages.

d'explorer les papiers de Beyle, qui forment une collection considérable que conserve la Bibliothèque de Grenoble. Puissent de nouvelles découvertes le récompenser de ses longues et minutieuses investigations !

Jusqu'ici je n'ai mentionné que des ouvrages appartenant à l'histoire civile du Dauphiné ; le moment est venu d'appeler votre attention sur l'histoire religieuse, qui tient une large place dans les récentes publications. Je me félicite hautement d'avoir à signaler en première ligne l'œuvre historique des religieux de la Grande-Chartreuse, que nous nous honorons de compter parmi nos correspondants. Une portion des Annales de leur ordre, rédigée par Dom Le Couteulx, avait été imprimée en 1687 : mais l'impression, commencée malgré l'auteur, avait été arrêtée à la cent quarante-quatrième page du deuxième volume, et les exemplaires de ce volume soustraits à la circulation, si bien qu'il n'en restait que deux provenant de la Chartreuse et conservés à la Bibliothèque de Grenoble.
Voici que les religieux de la Chartreuse non seulement réimpriment la portion déjà imprimée des Annales composées par Dom Le Couteulx, mais en publient toute la partie demeurée inédite[1] et annoncent l'intention de

---

[1] *Annales ordinis Cartusiensis*, 3 vol. in-4° ; imprimés à la Chartreuse de Notre-Dame-des-Prés (à Neuville-sous-Montreuil, Pas-de-Calais). — Tome I, 1887, cxviii-487 pages : de la fondation de l'ordre à l'année 1141. — Tome II, 1888, 567 pages ; de l'année 1142 à l'année 1183. — Tome III, 1888, 558 pages ; de l'année 1184 à l'année 1284. Le premier volume des Annales publié en 1687 n'a pas été réimprimé ; il ne contenait, d'ailleurs que les statuts des Chartreux. L'édition nouvelle commence au second volume de l'ancienne édition, avec lequel s'ouvre l'histoire de l'ordre.

poursuivre jusqu'à parfait achèvement la rédaction de l'œuvre commencée il y a deux siècles. C'est là une grande et noble entreprise, qui marquerait une fois de plus, s'il en était besoin, le zèle dont sont animés les Chartreux pour l'étude du passé de leur ordre ; ce zèle a d'ailleurs été attesté, dans ces derniers temps, par la publication de plusieurs monographies, parmi lesquelles se distingue ce volume, véritable modèle du genre, intitulée : *La Grande-Chartreuse par un Chartreux*, qui est si rapidement arrivé à sa troisième édition [1].

Dans le *Bulletin de la Société d'archéologie de la Drôme*, M. l'abbé Bellet vient de faire paraître la première partie d'un intéressant mémoire où il se propose de soumettre à un nouvel examen la question célèbre de l'authenticité du fameux préambule de Saint Hugues et des rapports des premiers Dauphins avec les évêques de Grenoble [2]. Il ne m'appartient pas de me prononcer sur ces discussions périlleuses : tout au plus me permettrai-je d'émettre en passant une opinion. Je me figure que pour résoudre définitivement la controverse ouverte depuis tant d'années et pour interpréter les documents en litige, il faudrait se livrer à une étude comparative des faits qui marquent les rapports des deux pouvoirs, spirituel et temporel, non seulement dans le diocèse de Grenoble, mais dans tous les diocèses voisins, depuis Lausanne et Genève jusqu'à la Provence : on aura fait un grand pas quand on aura déterminé le sens général de l'histoire dans nos

---

[1] Troisième édition, 1884.
[2] *Examen critique des objections soulevées contre la charte XVI du deuxième Cartulaire de l'église de Grenoble*, dans le *Bulletin de la Société archéologique de la Drôme*, 88e livr., janvier 1889, pp. 1-97.

régions, quand on aura constaté quel était celui des pouvoirs qui d'ordinaire défendait ses positions, celui qui, en général, se faisait l'agresseur à cette époque.

Dans le *Bulletin de la Société d'archéologie de la Drôme*, M. l'abbé Perrossier a fait paraître des *Recherches sur les évêques originaires du diocèse de Valence*, où il fournit d'importants renseignements et rectifie sur quelques points les assertions du *Gallia Christiana*[1].

Au *Bulletin de l'histoire ecclésiastique des diocèses de Valence, Gap*, etc., M. l'abbé Jules Chevalier a donné un mémoire justement remarqué sur *Quarante années de l'histoire des évêques de Valence au Moyen Age*[2].

L'histoire religieuse des Hautes-Alpes n'a pas été négligée. Notre collègue, M. le docteur Chabrand, a consacré récemment un volume à l'*Histoire des Vaudois et Protestants des Alpes*[3]. Il y traite surtout de cette histoire à partir du xve siècle et la suit jusqu'à nos jours, à travers les guerres de religion et les événements qui accompagnèrent la promulgation de l'Édit de Nantes et sa révocation ; nul plus que M. Chabrand n'était familiarisé avec tous les secrets de l'histoire des vallées vaudoises. Au surplus, cette publication arrive à son heure : de plus d'un côté nos contemporains, sur lesquels toutes les questions d'histoire religieuse semblent, à l'heure présente, exercer une attraction d'autant plus significative qu'elle est plus nettement accusée, s'occupent activement de l'histoire et des écrits des Vaudois, si bien qu'il nous

---

[1] Année 1887, *passim*.

[2] Année 1887-1888 et 1888-1889.

[3] *Vaudois et Protestants des Alpes*. Grenoble, 1886, in-8o de 287 pages.

est permis d'attendre, à bref délai, la publication de travaux d'une haute importance sur la diffusion de leurs doctrines et sur les monuments principaux de leur littérature particulière.

En ce qui touche le diocèse de Grenoble, l'histoire religieuse est représentée par deux biographies.

Mlle A.-M. de Franclieu, membre correspondant de notre Académie, a raconté la vie et les œuvres de Jeanne Baile, issue d'une noble famille dauphinoise et sœur d'un archevêque d'Embrun, qui, vers la fin du xve siècle, ayant abandonné le monde pour se vouer à la pauvreté, se fit clarisse et introduisit son ordre à Grenoble[1]. Pas n'est besoin de dire que Mlle de Franclieu a su répandre sur ce sujet l'intérêt et l'émotion qui distinguent ses précédents ouvrages.

La vie du cardinal Le Camus, évêque de Grenoble, a été, de la part de M. l'abbé Bellet, l'objet d'un livre auquel les personnes compétentes ont fait à bon droit l'accueil le plus sympathique[2]. Nulle figure n'est plus caractéristique que celle du cardinal, chez qui le zèle pour la gloire de Dieu, fort nécessaire pour mener à bonne fin

---

[1] *Jeanne Baile et les Clarisses à Grenoble* (1468-1887). Lyon, 1887, in-8° de xx-196 pages.

[2] *Histoire du cardinal Le Camus, évêque et prince de Grenoble*, par l'abbé Charles Bellet. Paris, 1886, in-8° de xx-416-84 pages. J'ajoute ici l'indication d'une autre publication concernant le même personnage : Mgr *Le Camus, évêque de Grenoble, de 1671 à 1707 ; notes pour servir à sa biographie*, écrites par lui-même et publiées par M. E. Chaper (*Bulletin de l'histoire ecclésiastique... des diocèses de Valence*, etc., et tirage à part. Montbéliard, 1883, in-8°). Dès 1882, M. Raymond Rey avait écrit : *Une page inédite de la vie du cardinal Le Camus* (*Bulletin de l'Académie Delphinale*, t. XVII, année 1883, pp. 248 et suiv.).

l'œuvre alors urgente de la réforme de l'Église de France, est gâté par une sévérité et une raideur qui sentent trop le jansénisme. En tous cas, M. Bellet a bien fait de présenter au public ce personnage intéressant; le succès de son livre ne peut qu'encourager l'Académie Delphinale à mener à bonne fin le projet dont elle a confié l'exécution au R. P. Ingold, de publier la correspondance du cardinal, c'est-à-dire plus de quatre cents lettres inédites, qui jettent une vive lumière sur plus d'un côté de l'histoire du règne de Louis XIV.

Il est une branche de l'histoire religieuse qui, si oubliée qu'elle ait été dans ces régions, mérite cependant de tous points l'attention des érudits : c'est l'histoire de la liturgie viennoise. Cependant M. Ulysse Chevalier y a consacré plusieurs travaux. Jadis il avait donné à la *Petite Revue des Bibliographes dauphinois* une notice sur un missel de Die[1]; tout récemment il a publié, dans la *Petite Revue Dauphinoise,* une notice sur un bréviaire de Vienne, datant de 1522 et conservé dans la collection de M. Chaper[2]. Dans le *Bulletin d'histoire ecclésiastique des diocèses de Valence, Gap,* etc., le même érudit a décrit un *ordinarium* ou coutumier de l'église de Valence, datant du milieu du XIVe siècle, et deux missels de la même église, datant l'un de 1450 environ et l'autre de 1504[3].

---

[1] Tome I et unique, 1870-1873, pp. 95 et suiv.

[2] 2e année, 1887-1888, pp. 49 et suiv.

[3] *Bulletin d'histoire ecclésiastique des diocèses de Valence, Gap...,* année 1886-1887, pp. 176-189. — Dans le même volume, M. Ulysse Chevalier a publié une *Notice sur un bréviaire de l'Église de Genève, datant de 1398, et sur un missel de la même église, datant de 1491. Ibid.,* pp. 250 et suiv.

Vos études, Messieurs, ne s'adressent pas seulement au passé politique et religieux de votre pays. Vous avez le culte de sa vieille langue; plusieurs d'entre vous ont essayé de fixer son idiome dans leurs écrits. Tout d'abord je dois saluer en notre confrère M. le chanoine Ginon l'auteur de quelques récits en patois de Saint-Jean-de-Bournay, où la plus gracieuse simplicité s'allie à une intime et pénétrante émotion[1]. Un de nos collègues, M. l'abbé Devaux, fait des patois des Terres-Froides (Isère) l'objet d'une thèse de doctorat qu'il compte présenter bientôt à notre Faculté des lettres. L'idiome de la partie méridionale du Dauphiné est représenté, dans les publications récentes, par quelques pièces d'un poète patois de Die, Boissier, insérées dans une notice que M. Rochas a consacrées à cet auteur et qui a été imprimée dans une des collections entreprises par M. Chaper[2]. Tous ceux qui s'intéressent à l'histoire dauphinoise se réjouiront avec nous de ce culte pieux qui pousse nos collègues à conserver et à étudier cette langue, à la fois si douce et si fine, en laquelle tant de générations ont exprimé leurs joies et leurs peines, leurs espérances et leurs déceptions.

C'est en partie sous l'empire des mêmes sentiments que

---

[1] *Rasimole de le-z-autre fas, pè-i-on de Sain-Zan.* Imprima à Grenoblo en Dauphiné.

[2] Voir plus haut, p. 13, note 3. A propos de ces études, il n'est pas inutile de rappeler que MM. de Rochas d'Aiglun et Chabrand ont publié jadis un volume intitulé : *Patois des Alpes Cottiennes, Briançonnais et Vallées Vaudoises.* Paris, 1877, in-8° de 228 pages.

M. l'abbé Guillaume a publié, de 1883 à 1888 (non sans y
ajouter parfois d'importantes introductions), cinq mystères en langue provençale, de ceux qu'on avait l'habitude
de jouer, du xvᵉ au xviiᵉ siècle, dans la région des Hautes-
Alpes et surtout dans le Briançonnais [1]. A la même famille
d'œuvres appartient le mystère français des *Trois-Doms*,
joué à Romans en 1509 et publié somptueusement par
les soins de M. Giraud et de M. l'abbé Ulysse Chevalier [2].
Il faut joindre à cette énumération la relation explicite du
mystère représenté à Romans en 1699, pour la clôture d'une
mission, et le texte français de vers récités par les diffé-
rents acteurs : c'est encore à M. l'abbé Ulysse Chevalier

---

[1] Ces mystères sont :

1º *Le Mystère de Saint-Eustache, joué en 1504.* Gap, 1883, in-8º
de 115 pages ;

2º *Le Mystère de Saint-Anthoni de Viennès*, publié d'après une
copie de 1503. Gap, 1884, in-8º de cxx-234 pages et fac-simile ;

3º *Le Mystère de Saint-Pierre et Saint-Paul (Istoria Petri et
Pauli)*, publié d'après un manuscrit du xvᵉ siècle. Gap, 1887, in-8º
de xx-236 pages ;

4º *Le Mystère de Saint-André*, composé en 1512. Aix-en-Pro-
vence. 1883, in-8º de 146 pages ;

5º *Istorio de Sanct Poncz*, mystère en langue provençale du
xvᵉ siècle. Gap, 1888, in-8º de xv-243 pages.

[2] *Le Mystère des Trois-Doms, joué à Romans en MDIX,* publié
d'après le manuscrit original, avec le compte de sa composition,
mise en scène et représentation, et des documents relatifs aux
représentations théâtrales en Dauphiné, du xivᵉ au xviᵉ siècle.
Lyon, 1887, in-4º de cxlvii-928 pages. Le texte est précédé d'une
substantielle introduction qui porte sur le manuscrit original, la
composition et la représentation du mystère, etc. Les pièces justifi-
catives publiées en appendice concernent non seulement le mystère
des Trois-Doms, mais les pompes, joyeuses entrées et représentations théâtrales qui eurent lieu en Dauphiné. Ces documents, qui
occupent près de 300 pages, intéressent l'histoire de Die, Grenoble,
Montélimar, Nyons, Romans, Taulignan, Valence et Vienne.

que nous en devons la publication[1]. Ainsi, jusques à une
époque bien voisine de la nôtre, les Dauphinois se livraient
avec ardeur à la représentation des mystères, qu'ils exé-
cutaient en provençal dans les Hautes-Alpes, en français
dans le reste de la province, où la langue littéraire avait
triomphé plus tôt. Sans doute, les conceptions dramatiques
des auteurs de ces mystères nous semblent bien pauvres ;
le développement en est souvent d'une longueur et d'une
monotonie désespérantes ; le style en est parfois trivial ou
même grossier ; mais il n'en est pas moins vrai que ces
œuvres répondent à une inspiration noble et élevée. Je
ne puis résister au plaisir de reproduire ici la belle page
que le mystère des *Trois-Doms* a récemment inspirée à
un maître en cette matière de notre ancienne littérature,
M. Gaston Paris : elle pourrait convenir à toutes les représentations analogues qui eurent lieu si fréquemment en
Dauphiné :

« Si, dit l'éminent écrivain [2], au lieu de lire ce texte
simplement pour l'acquit de sa conscience, comme le fait
un philosophe ou un historien de nos jours, on le fait
revivre tel que l'entendirent les bourgeois de Romans et
les spectateurs accourus de toutes parts en 1509 ; si on se
l'imagine récité sur un théâtre élevé à grands frais pour
cette occasion seulement et orné avec magnificence par
les principaux personnages civils et ecclésiastiques de la

---

[1] *Mystère représenté à Romans à la clôture de la mission 1698-1699 ; Bulletin d'histoire ecclésiastique... des diocèses de Valence, Gap...*, etc., année 1886-1887, pp. 129-143.
[2] *Le Mystère des Trois-Doms*, article publié dans le *Journal des Savants*, décembre 1887, à propos de la publication de ce mystère. Voir pages 756-757.

ville ; si on l'accompagne de la musique qui s'y faisait
entendre ; si on reconstruit sur les trois côtés libres de
la place entou unt l'immense parterre, les loges édifiées
exprès et occupées par tout ce qui, dans la ville et aux
environs, avait eu le moyen de les payer ; si l'on songe
qu'il s'agissait d'honorer les trois saints, Séverin, Exupère
et Félicien, protecteurs de la ville, dont les châsses,
apportées de leur église, figuraient sur le devant de la
scène, et cela au lendemain d'une peste qui avait décimé
Romans et n'avait été arrêtée que par leur intercession ;
si l'on se figure ce spectacle, où l'admiration, la pitié, le
rire, l'édification, la terreur, se succédaient et se mêlaient,
prolongé pendant trois jours consécutifs, on se dira
qu'après tout il y avait là une manifestation qui, au point
de vue de l'intensité et de la richesse matérielle et morale
du temps et du lieu où elle s'est produite, a le droit de
provoquer chez nous un tout autre sentiment que le dé-
dain. Il y a, aujourd'hui, un théâtre à Romans : j'ignore
quelle troupe le dessert et ce qu'on y joue, mais, à coup
sûr, ni l'esprit municipal, ni l'émulation au bien, ni cette
partie supérieure des aspirations humaines qu'on a nom-
mée la catégorie de l'idéal, ni le sens artistique, n'y trouvent aucune occasion de se produire et de s'exalter qui
soit comparable à celle que leur offrait, il y a près de
quatre siècles, l'œuvre du chanoine Pra et de ses collabo-
rateurs...
Dans le grand sentiment commun qui remplissait toutes
les âmes, les faiblesses, les pauvretés, les bizarreries de
tout genre, disparaissaient, emportées comme par un
torrent d'émotion, de joie, de ferveur et de fierté patrio-
tique. De ce feu d'artifice éblouissant, quoique grossier,
il ne nous reste qu'une maigre et noire carcasse ; elle

doit seulement nous aider à reconstruire en imagination
ce qu'elle a soutenu, à rallumer ce qui l'a enveloppée
d'un éclat éphémère ; vouloir lui demander les plaisirs
délicats, les impressions profondes que nous procurent
les œuvres d'art serait absolument injuste et ne prouve-
rait que notre absence de sens historique. Admirons plu-
tôt ce que pouvaient faire en se réunissant, sous le règne
de Louis XII, dans une petite ville du Dauphiné et rien
qu'avec des ressources provinciales, l'amour-propre municipal, la piété et le goût, alors dans toute sa force, des
représentations dramatiques à l'usage du monde entier. »

Ce n'est point seulement l'histoire de l'art dramatique,
à laquelle vous consacrez vos travaux. Toutes les branches de l'art ont part à votre intelligente attention.

A peu près au même temps où M. Henri Stein entre-
tenait les délégués des Sociétés savantes, réunis à la Sorbonne, des maîtres de l'œuvre en Dauphiné et des peintres
de la ville de Grenoble [1], M. Maignien nous donnait une
très importante histoire des artistes dauphinois du XVe au
XVIIIe siècle, où il livrait au public les résultats de recherches qui ont occupé de longues années de travail [2].
M. Roman s'est occupé de divers points qui concernent

---

[1] *Les maîtres de l'œuvre en Dauphiné et les peintres de la ville de
Grenoble.* Mémoire lu à la Sorbonne le 1er juin 1887. Paris, 1887,
in-8° de 22 pages.

[2] *Les Artistes Grenoblois, architectes, armuriers, brodeurs, gra-
veurs, musiciens,* etc. Notes et documents inédits. Grenoble, chez
l'auteur, in-8° de 384 pages.

l'art dans les Hautes-Alpes [1], en même temps qu'il accomplissait, au Musée de Grenoble, une mission dont l'avait chargé M. le Ministre de l'Instruction publique [2]. M. Marcel Reymond vous a habitués à des études de critique d'art d'une allure franche, sincère et originale ; il vous a raconté, en termes qui sont encore présents à vos mémoires, la vie de votre grand artiste Achard [3]. Enfin, M. l'abbé Guétal, qui sera bientôt notre confrère, chante votre nature dauphinoise par des œuvres où il sait exprimer tour à tour les impressions les plus diverses, depuis le charme du paysage intime jusqu'à l'émotion profonde et poignante qu'impriment à l'âme les scènes austères des grandes Alpes.

L'archéologie n'a pas été oubliée [4]. M. le docteur Charvet a poursuivi en maintes circonstances ses recherches

---

[1] *Date des orgues de Notre-Dame d'Embrun.* Paris, 1887, in-8º de 22 pages. — *Le peintre Pierre Gourdelle.* Paris, 1887, in-8º.

[2] *Rédaction de l'Inventaire descriptif des objets d'art conservés au Musée et à la Bibliothèque de Grenoble* (en cours d'impression) pour l'*Inventaire général des richesses d'art de la France,* publié par le Ministère de l'Instruction publique et des Beaux-Arts.

[3] *Bulletin de l'Académie delphinale,* 4e série, t. I, année 1886, pp. 240-284. Entre autres travaux, M. Marcel Reymond avait antérieurement publié un ouvrage sur le *Musée de Grenoble* (Paris-Grenoble, 1879, in-8º de 240 pages), et un autre ouvrage intitulé : *Le Musée de Lyon* (Tableaux anciens). Paris, 1887, in-12 de 205 pages.

[4] Puisque je rencontre sur mon chemin l'archéologie dauphinoise, on me pardonnera de citer ici deux dissertations trop peu connues de mon vénéré et regretté maître M. Jules Quicherat, sur les cathédrales de Grenoble et d'Embrun. Voir ces dissertations dans le 2e volume des *Mélanges d'archéologie et d'histoire* de J. Quicherat (*Archéologie du Moyen Age,* Paris, 1886, in-8º), publiés par M. Robert de Lasteyrie.

préhistoriques, auxquelles il veut bien associer l'Académie [1]. J'ai déjà dit que M. Joseph Roman est l'auteur d'un volume de recherches archéologiques sur les Hautes-Alpes : je dois ajouter que, revenant à des travaux par lui commencés il y a quelques années, il a consacré un travail particulier à la sigillographie des gouverneurs du Dauphiné [2]. Enfin, M. Marcel Reymond, aidé de notre collègue M. Charles Giraud, s'occupe de reproduire et d'étudier l'ensemble et les détails de votre Palais de Justice, œuvre fort opportune pour un édifice menacé de restauration ou de reconstruction.

La topographie ancienne et moderne ne doit pas moins que l'archéologie aux travaux de plusieurs d'entre vous : M. Roman a tenté, par ses études sur le *pagus Rigomagensis*, de résoudre une des questions les plus contestées de la géographie antique dans le Sud-Est de la Gaule [3]. On sait, en outre, qu'il a dressé le *Dictionnaire topogra-*

---

[1] En outre, M. le docteur Charvet a publié récemment de nouvelles études sur le harnachement du cheval dans les temps anciens : *Essai de reconstitution d'un mors de bride et d'un frein de cheval.* (Société d'anthropologie de Lyon, 1888.)

[2] *Bulletin de la Société des Antiquaires de France,* t. XLVIII, année 1888.

[3] *La bataille de Mustias Calmes et le pagus Rigomagensis* (Digne, 1886, 16 pages). — M. Roman place à Chorges la *civitas Rigomagensis ;* là-dessus, il s'est trouvé en désaccord avec M. l'abbé Duchesne qui la place à Thorame (*Bulletin de la Société nationale des Antiquaires de France,* t. XLIII), et avec M. Longnon qui la place dans la vallée de Barcelonnette (Mémoire publié dans les *Mélanges Renier* et reproduit dans le *Bulletin de la Société d'études des Hautes-Alpes,* année 1887).

phique des Hautes-Alpes au Moyen Age[1], complété par une étude sur les *Étymologies des noms de lieux des Hautes-Alpes*[2]. Non seulement M. le docteur Charvet a étudié la topographie des abords de Grenoble au moment de l'attaque dirigée contre cette ville par les alliés en 1815 ; en outre, par son généreux concours, il nous a permis de publier le plan colorié des trois enceintes de Grenoble au XIXᵉ siècle, si heureusement exécuté par M. Boyton, qui vous sera distribué avec le prochain volume du *Bulletin de l'Académie delphinale*. Enfin, les Alpes sont explorées et décrites avec amour par deux de nos collègues, qui prennent une part active aux travaux et aux publications de la Société des Touristes du Dauphiné : j'ai nommé MM. Henri Ferrand et Merceron[3]. L'année dernière, M. Ferrand, poursuivant l'œuvre par laquelle il s'est proposé de faire connaître les montagnes dauphinoises, a publié un volume rempli de renseignements à l'usage des touristes qui explorent le massif de la Chartreuse[4].

Pour achever cette énumération, Messieurs et chers collègues, il ne me reste plus qu'à vous parler des travaux concernant la période révolutionnaire. Déjà plusieurs d'entre vous avaient montré par leurs exemples

---

[1] Voir plus haut, p. 26, note 3.
[2] Gap, 1887, in-8°.
[3] Voir les *Annuaires de la Société des Touristes du Dauphiné*. — En outre, M. Ferrand a donné plusieurs articles sur des sujets alpinistes dans le *Bulletin de l'Académie Delphinale* et dans le *Bulletin de la Société de statistique*, passim.
[4] *Guide à la Grande-Chartreuse et dans tout le massif*. Grenoble, 1888, in-12, 138 pages.

quel intérêt présentent les études historiques sur cette période : vous n'avez pas oublié les communications de MM. Thibaut [1] et Masse [2], ni l'étude de Mlle de Franclieu sur les plus lamentables épisodes de la persécution religieuse en Dauphiné [3]. Ces derniers temps ont vu paraître sur l'époque de la Révolution une quantité considérable de documents et de travaux personnels : je les réunis ici pour vous en présenter rapidement l'ensemble déjà imposant.

M. le baron de Coston, par une publication toute récente, a multiplié les renseignements que nous possédions sur les désordres, les pillages et les incendies qui marquèrent en Dauphiné les premiers temps de la Révolution [4]. M. l'abbé Perrossier poursuit, dans le *Bulletin de la Société d'archéologie de la Drôme,* la publication des curieuses lettres qu'Achard de Germane, le futur procureur général de la Restauration à Grenoble, adressait de cette ville à M. de la Coste, ancien président au Parlement, émigré à Rome pendant les premières années de la

---

[1] *Études sur l'histoire de Grenoble et du département de l'Isère pendant la Terreur,* Bulletin de *l'Académie Delphinale,* 3e série, t. XIV, année 1878, pp. 111-196.

[2] *Les Tribunaux à Grenoble pendant les premières années de la Révolution (1790-1795) ; Ibid.,* 4e série, t. I, année 1886, pp. 38-119.

[3] *Deux martyrs en 1794, M. Revenas et M. Guillabert.* Grenoble et Lyon, 1886, in-12. — A.-M. de Franclieu, *Pie VI dans les prisons du Dauphiné.* Grenoble, 1878, in-12.

On se rappelle que M. le chanoine Pellet a accompli une œuvre analogue pour les voyages de Pie VII en Dauphiné : *Pie VII à travers le Dauphiné ; Bulletin de l'Académie Delphinale,* 3e série, t. XIX, année 1885, pp. 18-118.

[4] *Panique due à l'invasion prétendue de dix mille Savoyards en Dauphiné en 1789.* Lyon, 1888, in-8o de 26 pages.

Révolution [1]. M. Chaper a ajouté à sa collection des *Documents dauphinois* les *Procès-verbaux du Comité de surveillance révolutionnaire de Vienne-la-Patriote* (31 mars 1794-21 mars 1795), qui permettent d'apprécier à leur juste valeur, d'après des témoignages irrécusables, la conduite quotidienne de ceux qui s'étaient faits, dans ces régions, les auxiliaires de la Terreur : ce document est précédé d'une courte et substantielle introduction. Là ne se sont pas bornés les travaux de M. Chaper : il a publié dans le dernier volume de notre *Bulletin* une pièce intéressante, qui montre le triste sort réservé par les violents du gouvernement révolutionnaire aux dépôts d'archives, où étaient conservés tant de documents précieux pour l'histoire de l'ancienne France [2] ; il a donné encore à ce volume un très curieux écrit où Joseph Falquet-Planta, chef de l'administration départementale de l'Isère de 1790 à 1794, raconte sa propre existence pendant cette période. Enfin, M. Chaper nous a communiqué, dans une de nos dernières séances, des extraits de la correspondance, (qu'il se propose de publier) d'un policier du Comité de Salut public, le trop célèbre Chépy, qui joua un rôle important à Grenoble. De son côté, notre collègue, M. Delachenal, racontera bientôt la vie de ce révolutionnaire de bas étage qui mourut agent de la police impériale.

Mais ce sont surtout les évènements de 1788 qui ont provoqué toute une végétation d'écrits et de publications de documents. Parmi les documents, il convient de citer :

---

[1] *Bulletin de la Société d'archéologie de la Drôme,* années 1885 et suiv.. *passim.*
[2] *Bulletin de l'Académie delphinale,* 4ᵉ série, t. I, année 1886, pp. 3-37, 120-135.

1° Un volume de « *Documents historiques sur les évènements de l'année 1788* », publié par deux de nos collègues, sous les auspices de la municipalité de Grenoble[1];

2° Un fascicule de la collection des « *Documents dauphinois* », où M. Chaper a résumé des relations contem-
poraines, en grande partie inédites, de la journée des
Tuiles, sur laquelle il fournit les renseignements les plus
caractéristiques[2].

Parmi les travaux personnels, je regrette de ne pouvoir
signaler que ceux qui sont l'œuvre de membres de notre
compagnie. En premier lieu se placent les ouvrages de
MM. Félix Faure et de Lanzac de Laborie que j'ai déjà eu
l'occasion de louer[3]; à côté de ces travaux prend rang
l'éloge de Messieurs de Bérulle, prononcé à l'audience de
rentrée de la Cour d'appel, où notre collègue M. Piollet a
donné en une langue élégante le résultat de recherches
qui décèlent une érudition étendue[4]. Il faut citer enfin
l'étude si remarquée de M. l'abbé Ch. Bellet, dans la *Controverse et le Contemporain*[5], et le bel article de notre
respecté collègue M. Albert du Boys, qui ne cesse de
s'associer au mouvement des esprits et aux luttes contem-
poraines avec une ardeur que beaucoup de jeunes gens
de nos jours pourraient lui envier[6].

---

[1] *Documents historiques sur les origines de la Révolution dauphinoise
de 1788.* Grenoble, 1888, in-8°. (Par MM. Maignien et Prudhomme.)

[2] *La Journée des Tuiles à Grenoble* ; voir plus haut, p. 20, n. 3.

[3] Voir plus haut, p. 10.

[4] *MM. de Bérulle, et le Parlement de Grenoble de 1760 à 1790.*
Grenoble, 1888, in-8°.

[5] *Les évènements de 1788 en Dauphiné,* publié dans la *Controverse et le Contemporain,* et tiré à part. Lyon, 1888, in-8°.

[6] *Le Centenaire de l'Assemblée de Vizille et son véritable esprit.*
Lyon, 1888, in-8°.

Il n'est que juste d'ajouter à cette liste la mention du quatrième volume des *Chroniques dauphinoises*, œuvre mêlée à la fois de récits et de documents, par laquelle notre collègue M. Champolion-Figeac n'a pas peu contribué à éclairer l'histoire obscure et obscurcie de la fin de l'ancien régime et des débuts du régime nouveau en Dauphiné [1].

Ces publications multipliées ont projeté une abondante lumière sur les évènements de l'année 1788 à Grenoble ; mais, doit-on s'en étonner, elles n'ont pas fait l'accord dans les esprits, les uns ne cessant pas d'incarner leur idéal dans la figure des magistrats chez lesquels ils reconnaissent les qualités des grands citoyens ; les autres confondant les magistrats de Grenoble dans la réprobation que leur inspire ce parti des Parlementaires, qui passent pour s'être faits, par intérêt de classe, les adversaires de tous les progrès raisonnables dont le pouvoir royal avait pris l'initiative : création des assemblées provinciales, conversion de la corvée, abolition de la torture, si bien qu'ils peuvent, dans une large mesure, être tenus pour responsables des fautes politiques où leur opposition a entraîné la royauté. A vous, Messieurs, qui vous occupez de l'histoire de cette période, il appartient de peser la responsabilité des Parlementaires de Grenoble et d'apprécier la

---

[1] *Chroniques dauphinoises et Documents inédits relatifs au Dauphiné pendant la Révolution.* — Première période historique : *Les États du Dauphiné et la Révolution, 1788-1794.* Grenoble, Lyon. Paris, 1887, in-8° de XXIII-463 pages. Complète les trois volumes de *Chroniques* déjà publiés par M. A. Champollion-Figeac. Tous ces volumes sont remplis de documents les plus intéressants pour l'histoire du Dauphiné à la fin du XVIIIe siècle et au commencement du XIXe.

justesse de cette accusation lancée contre eux par un contemporain, l'avocat Dufresne, qui, le 12 juin 1788, presque au lendemain de la journée des Tuiles, écrivait à un correspondant : « Je peux vous assurer, Monsieur, que l'égoïsme outré du Parlement a été, dans le fond, le vrai motif de sa résistance [1] ». En tout cas, ce jugement sévère s'accorde avec celui qu'a porté sur l'ensemble des évènements politiques de 1788 le plus intelligent et le plus perspicace des observateurs contemporains, je veux parler de Mallet du Pan. Le 25 août 1788, au moment même du changement de ministère qui donnait satisfaction à l'opposition parlementaire, Mallet du Pan, dans une lettre récemment publiée, s'exprimait en ces termes [2] :

« Vous avez vu, Monsieur, les progrès du désordre..... Il fallait au Roi de l'autorité, et le royaume est tombé en anarchie ; du concert, et on a mis le trouble partout ; de grands ménagements, et le fer à la main, on est allé couper toutes les racines de la confiance nationale : on a cru gouverner l'État et les esprits avec de beaux prologues d'édits ridiculement paternels. C'est la première fois, je pense, qu'on a vu un souverain sans argent tenter une révolution qui renversait l'ordre civil et judiciaire d'un royaume de 30,000 lieues carrées. On s'est mis à la discrétion des Parlements, qui n'ayant à aucun degré l'esprit des affaires, n'ont jamais connu que l'art de les embrouiller.... »

---

[1] Cité par M. Bellet.

[2] Voir cette lettre adressée à M. Aubert de Tournes, banquier de Genève, dans les *Mémoires et Documents publiés par la Société d'histoire et d'archéologie de Genève*, 2ᵉ série, t. II, année 1886, pp. 363-365.

« En somme, Monsieur, persuadez-vous que les maux sont infinis et que les médecins sont on ne peut pas plus rares. Toutes les têtes sont dans un désordre universel. La cour et la ville regorgent de petits ambitieux qui se croient capables de gouverner parce qu'ils ont lu quelques livres ou qu'ils ont causé avec des faiseurs de projets et des beaux esprits. De là, un amour effréné des nouveautés, une multitude d'idées systématiques, de charlataneries et d'extravagances. »

Entre les Parlementaires et leurs adversaires, il ne saurait m'appartenir de trancher le débat. Cependant n'est-il pas permis de prévoir que, sur ce point comme sur beaucoup d'autres, l'histoire désillusionnée donnera raison aux rudes appréciations du clairvoyant Genevois ?

J'ai essayé, Messieurs, de vous retracer l'œuvre à laquelle vous vous êtes associés pendant ces dernières années ; si j'ai abusé de votre bienveillante attention, la faute en est sans doute à moi, mais aussi un peu à vous qui avez à ce point multiplié les publications intéressantes pour l'histoire du Dauphiné.

Et maintenant, il me reste à tirer une conclusion qui, ce me semble, n'a pas besoin de justification.

Le courant, qui porte les esprits vers les études qui intéressent votre province, se fait sentir dans les trois départements dauphinois, où il devient de plus en plus puissant : je n'en veux d'autre preuve que l'ensemble d'œuvres que je viens de faire passer sous vos yeux.

Or, votre compagnie crée un lien entre les hommes qui, à Grenoble ou en Dauphiné, se livrent à ces travaux. Elle leur vient en aide en les rapprochant les uns des autres, souvent aussi en publiant le résultat de leurs recherches.

Parfois vous êtes méconnus; parfois aussi attaqués.

J'estime que pour vous défendre, vous n'avez qu'à vous montrer tels que vous êtes, et tels que vous entendez rester : prêts à encourager toutes les bonnes volontés, à vous associer à tous les efforts qui auront pour but de mieux connaître et de mieux faire connaître les gloires passées et les besoins présents de la province du Dauphiné [1].

---

[1] Au moment où ces pages vont être livrées à l'impression, j'ai communication d'un texte important pour l'histoire du Dauphiné qui vient d'être publié par M. Joseph Roman ; ce sont les *Statuts accordés à la ville d'Embrun par l'archevêque et le Dauphin, après la révolte de 1253,* insérés dans le *Bulletin historique et philologique du Comité des travaux historiques et scientifiques,* année 1888, pp. 45-64.

www.ingramcontent.com/pod-product-compliance
Lightning Source LLC
LaVergne TN
LVHW022038080426

835513LV00009B/1121